KREATIVES SCHREIBEN MIT .PROMPTS

Tipps, Tricks und Anleitungen für
eine erfolgreiche Schreibpraxis

Mag. Eva Prasch

CONTENTS

KREATIVES SCHREIBEN MIT .PROMPTS

Tipps, Tricks und Anleitungen für eine erfolgreiche Schreibpraxis

INHALTSVERZEICHNIS

- Anleitung zur Anwendung von .prompts für den Schreibprozess
- Tipps und Tricks für die erfolgreiche Umsetzung von .prompts

Kapitel 4: .prompts für verschiedene Schreibgenres

- Anwendung von .prompts für verschiedene Schreibgenres wie z.B. Romane, Kurzgeschichten, Gedichte etc.
- Beispiele für erfolgreiche Schreibpraxis mithilfe von .prompts

Kapitel 5: .prompts für die Schreibpraxis im Alltag

- Anwendung von .prompts für den Alltag, z.B. für Tagebuchschreiben oder Ideensammlung
- Wie .prompts helfen können, Schreibblockaden zu überwinden

Kapitel 6: Die Kunst des Schreibens

- Tipps und Tricks für eine erfolgreiche Schreibpraxis
- Wie .prompts dabei helfen können, die eigene Schreibstimme zu finden und zu entwickeln

Kapitel 7: .prompts und Social Media

- Wie .prompts in den sozialen Medien (z.B. Instagram, Twitter) genutzt werden können
- Erfolgreiche Beispiele für die Anwendung von .prompts in den sozialen Medien

Kapitel 8: .prompts als Schreibgruppenaktivität

- Wie .prompts in Schreibgruppen oder Schreibworkshops

genutzt werden können
-      Tipps und Tricks für die erfolgreiche Anwendung von .prompts in Gruppen

Kapitel 9: .prompts als Herausforderung

-      Wie .prompts genutzt werden können, um sich selbst herauszufordern und zu verbessern
- Anleitung zur Erstellung eigener .prompts

10. Schlusswort

- Zusammenfassung der wichtigsten Punkte des Buches
- Ausblick auf die Anwendung von .prompts in der Zukunft

11. Anhang

- Übersicht über hilfreiche .prompt-Quellen

EINLEITUNG

Die Einleitung dient dazu, das Interesse des Lesers zu wecken und ihn auf das Thema einzustimmen. Hier wird deutlich gemacht, warum .prompts für die Schreibpraxis so wichtig sind und wie sie helfen können, die eigene Kreativität und Schreibproduktivität zu steigern.

Die Leser sollen motiviert werden, ihre eigenen Schreibziele zu verfolgen und dabei die Hilfe von .prompts zu nutzen. Die Einleitung gibt einen Vorgeschmack auf das, was in den kommenden Kapiteln behandelt wird und schafft somit eine Grundlage für das Verständnis des Themas.

Insgesamt bildet die Einleitung somit eine wichtige Grundlage für das Verständnis des Buches und gibt den Lesern einen ersten Eindruck davon, was sie in den kommenden Kapiteln erwartet.

Vorstellung des Themas und der Bedeutung von .prompts für die Schreibpraxis

Zunächst wird erläutert, was .prompts überhaupt sind und wie sie eingesetzt werden können, um die Kreativität und Schreibproduktivität zu steigern. Es wird verdeutlicht, dass .prompts kleine Impulse oder Anregungen sind, die dem Schreibenden dabei helfen sollen, neue Ideen und Gedanken zu entwickeln.

Anschließend wird die Bedeutung von .prompts für die

Schreibpraxis verdeutlicht. Es wird erklärt, dass .prompts dazu beitragen können, Schreibblockaden zu überwinden und den Schreibprozess zu erleichtern. Zudem können .prompts dabei helfen, neue Wege der kreativen Entfaltung zu finden und die eigene Schreibpraxis zu verbessern.

Es wird betont, dass .prompts für alle Arten des Schreibens geeignet sind, sei es für Romane, Kurzgeschichten, Gedichte oder auch für den Alltag. Auch in Schreibgruppen oder Schreibworkshops können .prompts als hilfreiches Werkzeug eingesetzt werden, um die Kreativität der Teilnehmer zu steigern.

Insgesamt verdeutlicht dieses Kapitel die Bedeutung von .prompts für die Schreibpraxis und gibt einen Überblick darüber, was die Leser im weiteren Verlauf des Buches erwartet. Es soll dazu beitragen, dass die Leser ein Verständnis für das Thema entwickeln und motiviert werden, .prompts als Werkzeug für ihre eigene Schreibpraxis zu nutzen.

Überblick über den Inhalt des Buches

Zunächst werden die einzelnen Kapitel des Buches vorgestellt und kurz erläutert, welche Themen behandelt werden. Hierbei wird verdeutlicht, dass das Buch sich an alle richtet, die ihre Schreibpraxis verbessern möchten und dabei .prompts als Hilfsmittel nutzen möchten.

Es wird betont, dass das Buch nicht nur eine Einführung in das Thema .prompts bietet, sondern auch Anleitungen und Tipps zur erfolgreichen Anwendung von .prompts in verschiedenen Bereichen der Schreibpraxis gibt. Es werden sowohl die Anwendung von .prompts für verschiedene Schreibgenres als auch für den Alltag oder Schreibgruppen behandelt.

Des Weiteren wird erklärt, dass das Buch auch auf die psychologischen Hintergründe von .prompts eingeht und verdeutlicht, warum diese für die Schreibpraxis so wichtig sein können. Es werden Tipps und Tricks zur effektiven Anwendung von .prompts gegeben und aufgezeigt, wie .prompts dabei helfen können, die eigene Schreibpraxis zu verbessern und die Kreativität zu steigern.

Zuletzt wird betont, dass das Buch nicht nur eine theoretische Einführung in das Thema .prompts bietet, sondern auch praktische Anwendungen und Beispiele liefert. Die Leser sollen dazu ermutigt werden, das Gelesene direkt in die Praxis umzusetzen und ihre eigene Schreibpraxis zu verbessern.

Insgesamt gibt das Kapitel einen Überblick über den Inhalt des Buches und verdeutlicht, dass es sich an alle richtet, die ihre Schreibpraxis verbessern möchten und dabei .prompts als Hilfsmittel nutzen möchten. Es soll die Leser neugierig auf das Thema machen und dazu anregen, das Gelesene direkt in die Tat umzusetzen.

KAPITEL 1: WAS SIND .PROMPTS?

.prompts sind kleine Impulse oder Anregungen, die dem Schreibenden dabei helfen sollen, neue Ideen und Gedanken zu entwickeln. Sie können in Form von einzelnen Wörtern, Sätzen, Bildern oder auch Musikstücken gegeben werden und dienen als Inspiration für den Schreibprozess.

.prompts können auf verschiedene Arten eingesetzt werden. So können sie beispielsweise dazu dienen, den Einstieg in eine Schreibsession zu erleichtern oder eine Schreibblockade zu überwinden. Auch können sie als Ausgangspunkt für eine neue Idee oder eine neue Perspektive dienen.

Es gibt unterschiedliche Arten von .prompts, die sich für verschiedene Zwecke eignen. So können beispielsweise spezifische .prompts für bestimmte Schreibgenres wie Romane, Kurzgeschichten oder Gedichte genutzt werden. Auch gibt es allgemeine .prompts, die sich für die tägliche Schreibpraxis oder für Schreibgruppen eignen.

Insgesamt sind .prompts eine sehr effektive Methode, um die eigene Kreativität und Schreibproduktivität zu steigern. Sie helfen dabei, neue Ideen und Gedanken zu entwickeln und können den Schreibprozess erleichtern. Im weiteren Verlauf des Buches werden konkrete Anleitungen und Tipps zur erfolgreichen Anwendung von .prompts gegeben.

Definition und Erklärung
von Prompts

Prompts sind kleine Impulse oder Anregungen, die dazu dienen, die Kreativität und Schreibproduktivität zu steigern. Sie können in verschiedenen Formen vorliegen, wie z.B. als Wörter, Sätze, Bilder oder Musikstücke. Ihr Ziel ist es, den Schreibprozess zu erleichtern, indem sie als Inspiration für neue Ideen und Gedanken dienen.

Prompts können auf verschiedene Weisen eingesetzt werden. Beispielsweise können sie helfen, eine Schreibblockade zu überwinden oder als Ausgangspunkt für eine neue Geschichte dienen. Prompts können auch genutzt werden, um das Schreiben regelmäßig zu üben oder als Teil von Schreibgruppen oder Schreibworkshops.

Prompts sind für alle Arten von Schreibpraktiken geeignet, wie z.B. für Romane, Kurzgeschichten, Gedichte oder auch für das Tagebuchschreiben. Durch die Verwendung von Prompts können Schreibende neue Perspektiven und Ideen entwickeln und so ihre Kreativität und Schreibproduktivität steigern.

Das Verständnis von Prompts als Werkzeug für die Schreibpraxis ist ein wichtiger Teil des Buches. Im weiteren Verlauf werden konkrete Anleitungen und Tipps zur erfolgreichen Anwendung von Prompts gegeben, um den Lesern zu helfen, ihre eigene Schreibpraxis zu verbessern.

Unterschiedliche Arten von .prompts und ihre Anwendungsmöglichkeiten

Es gibt verschiedene Arten von .prompts, die sich für unterschiedliche Zwecke eignen. Eine Möglichkeit sind beispielsweise Wort-Prompts. Hierbei werden dem Schreibenden einzelne Wörter gegeben, die er in seine Schreibpraxis integrieren soll. Solche Wort-Prompts können dabei helfen, neue Ideen und Gedanken zu entwickeln und den Schreibprozess in Gang zu bringen.

Eine weitere Art von .prompts sind Satz-Prompts. Hierbei wird dem Schreibenden ein Satz vorgegeben, der als Ausgangspunkt für eine Geschichte oder ein Gedicht dienen kann. Satz-Prompts können helfen, die eigene Schreibpraxis zu verbessern und den Schreibenden dabei unterstützen, neue Perspektiven und Ideen zu entwickeln.

Bild-Prompts sind eine weitere Möglichkeit. Hierbei wird dem Schreibenden ein Bild vorgegeben, das als Inspiration für eine Geschichte oder ein Gedicht dienen soll. Bild-Prompts können helfen, die eigene Kreativität zu steigern und den Schreibprozess zu erleichtern.

Es gibt auch Musik-Prompts, bei denen dem Schreibenden ein Musikstück vorgegeben wird, das als Inspiration für eine Geschichte oder ein Gedicht dienen soll. Auch hierbei können neue Ideen und Gedanken entwickelt werden und die eigene Kreativität gesteigert werden.

Je nach Anwendungsbereich und Schreibziel können unterschiedliche Arten von .prompts eingesetzt werden. Es ist wichtig, die passende Art von .prompts auszuwählen, um das gewünschte Ergebnis zu erzielen und die eigene Schreibpraxis zu verbessern. In diesem Kapitel werden konkrete Anleitungen und Tipps gegeben, um die passenden .prompts auszuwählen und erfolgreich einzusetzen.

KAPITEL 2: WARUM SIND .PROMPTS HILFREICH FÜR DAS KREATIVE SCHREIBEN?

.prompts dienen als kleine Impulse oder Anregungen, die dazu beitragen können, den Schreibprozess zu erleichtern und die eigene Kreativität zu steigern. Sie geben dem Schreibenden einen Ausgangspunkt und helfen dabei, neue Ideen und Gedanken zu entwickeln.

Durch die Verwendung von .prompts können Schreibende auch Schreibblockaden überwinden und den Schreibprozess in Gang bringen. .prompts dienen als Werkzeug, um die eigene Kreativität zu steigern und den Schreibprozess zu verbessern.

Zudem können .prompts dabei helfen, neue Perspektiven und Ideen zu entwickeln, die man sonst vielleicht nicht in Betracht gezogen hätte. Sie können den Schreibenden dabei unterstützen, neue Wege der kreativen Entfaltung zu finden und die eigene Schreibpraxis zu verbessern.

.prompts sind auch nützlich, um das Schreiben regelmäßig zu üben und als Teil von Schreibgruppen oder Schreibworkshops. Durch die Verwendung von .prompts können Schreibende ihre Schreibfähigkeiten verbessern und ihre Kreativität steigern.

Insgesamt sind .prompts eine sehr effektive Methode, um die eigene Schreibpraxis zu verbessern und die Kreativität zu steigern. Sie helfen dabei, Schreibblockaden zu überwinden und den Schreibprozess zu erleichtern. Im weiteren Verlauf des Buches werden konkrete Anleitungen und Tipps zur erfolgreichen Anwendung von .prompts gegeben, um den Lesern zu helfen, ihre eigene Schreibpraxis zu verbessern.

Psychologische Hintergründe von .prompts für die Schreibpraxis

Prompts können dazu beitragen, Schreibblockaden zu überwinden und den Schreibprozess zu erleichtern, da sie dem Schreibenden einen Ausgangspunkt geben und helfen, neue Ideen und Gedanken zu entwickeln. Psychologisch gesehen, fördern Prompts auch die Kreativität und Fantasie, da sie dem Schreibenden dabei helfen, neue Perspektiven und Ideen zu entwickeln.

Durch die Verwendung von Prompts können Schreibende auch ihre Selbstwahrnehmung und ihre Emotionen besser verstehen und ausdrücken. Prompts können dabei helfen, Emotionen und Erfahrungen in Worte zu fassen und somit zu verarbeiten.

Zudem können Prompts dazu beitragen, das Selbstvertrauen und das Selbstbewusstsein beim Schreiben zu steigern. Indem der Schreibende durch die Verwendung von Prompts neue Ideen und Gedanken entwickelt und somit erfolgreich schreibt, kann das Selbstvertrauen gestärkt werden.

Insgesamt können Prompts psychologisch betrachtet dazu beitragen, dass Schreibende ihre Kreativität und Fantasie steigern, ihre Emotionen besser verstehen und ausdrücken, sowie ihr Selbstbewusstsein und Selbstvertrauen beim Schreiben steigern. Im weiteren Verlauf des Buches werden konkrete Anleitungen und Tipps zur erfolgreichen Anwendung von Prompts gegeben, um den Lesern zu helfen, ihre eigene Schreibpraxis zu verbessern und die psychologischen Vorteile von Prompts zu nutzen.

Wie .prompts die Kreativität und Schreibproduktivität fördern können

.prompts dienen als kleine Impulse oder Anregungen, die dazu beitragen können, den Schreibprozess zu erleichtern und die eigene Kreativität zu steigern. Sie geben dem Schreibenden einen Ausgangspunkt und helfen dabei, neue Ideen und Gedanken zu entwickeln.

Durch die Verwendung von .prompts können Schreibende auch Schreibblockaden überwinden und den Schreibprozess in Gang bringen. Durch die regelmäßige Anwendung von .prompts kann die Kreativität und Fantasie des Schreibenden gesteigert werden.

.prompts können auch dabei helfen, die Schreibproduktivität zu erhöhen. Durch die Verwendung von .prompts wird der Schreibprozess erleichtert, da dem Schreibenden ein Ausgangspunkt gegeben wird. Dies kann dazu führen, dass der Schreibprozess schneller und effektiver verläuft und somit mehr geschrieben wird.

Zudem können .prompts dazu beitragen, dass Schreibende neue Perspektiven und Ideen entwickeln, die man sonst vielleicht nicht in Betracht gezogen hätte. Sie können den Schreibenden dabei unterstützen, neue Wege der kreativen Entfaltung zu finden und die eigene Schreibpraxis zu verbessern.

Insgesamt sind .prompts eine sehr effektive Methode, um die Kreativität und Schreibproduktivität zu steigern. Im weiteren Verlauf des Buches werden konkrete Anleitungen und Tipps zur erfolgreichen Anwendung von .prompts gegeben, um den Lesern zu helfen, ihre eigene Schreibpraxis zu verbessern und von den Vorteilen von .prompts zu profitieren.

KAPITEL 3: WIE KÖNNEN .PROMPTS ANGEWENDET WERDEN?

Prompts können auf verschiedene Arten eingesetzt werden. Eine Möglichkeit ist beispielsweise, sie als Ausgangspunkt für eine neue Geschichte oder ein neues Gedicht zu nutzen. Hierbei kann der Schreibende den Prompt als Inspiration nehmen und die eigene Kreativität und Fantasie nutzen, um eine Geschichte oder ein Gedicht zu entwickeln.

Eine weitere Möglichkeit ist, Prompts als Einstieg in eine Schreibsession zu nutzen. Hierbei kann der Schreibende beispielsweise ein paar Minuten lang frei zu einem bestimmten Prompt schreiben, um in den Schreibprozess einzusteigen und den Schreibfluss zu erleichtern.

Prompts können auch dazu genutzt werden, Schreibblockaden zu überwinden. Hierbei kann der Schreibende einen Prompt als Ausgangspunkt nehmen, um aus der Blockade herauszukommen und den Schreibprozess in Gang zu bringen.

Darüber hinaus können Prompts als Übung für die tägliche Schreibpraxis genutzt werden. Hierbei kann der Schreibende beispielsweise regelmäßig neue Prompts nutzen, um seine

Kreativität und Schreibfertigkeiten zu verbessern.

Es gibt verschiedene Arten von .prompts, die sich für unterschiedliche Zwecke eignen. So können beispielsweise spezifische .prompts für bestimmte Schreibgenres wie Romane, Kurzgeschichten oder Gedichte genutzt werden. Auch gibt es allgemeine .prompts, die sich für die tägliche Schreibpraxis oder für Schreibgruppen eignen.

Insgesamt gibt es viele verschiedene Anwendungsmöglichkeiten für .prompts. Im weiteren Verlauf des Buches werden konkrete Anleitungen und Tipps zur erfolgreichen Anwendung von .prompts gegeben, um den Lesern zu helfen, ihre eigene Schreibpraxis zu verbessern und die Vorteile von .prompts zu nutzen.

Anleitung zur Anwendung von .prompts für den Schreibprozess

1. Auswahl Des Prompts:

Zunächst sollte der Schreibende ein geeignetes Prompt auswählen. Dabei kann er sich entweder für ein allgemeines Prompt entscheiden oder ein spezifisches Prompt für sein Schreibgenre wählen.

2. Zeitplanung:

Bevor der Schreibprozess beginnt, sollte eine Zeit für die Schreibsession festgelegt werden. Hierbei kann der Schreibende entweder eine bestimmte Anzahl von Minuten oder eine bestimmte Anzahl von Wörtern als Ziel setzen.

3. Freies Schreiben:

Der Schreibende sollte nun beginnen, frei zu schreiben, ohne sich Gedanken über Rechtschreibung oder Grammatik zu machen. Hierbei sollte er sich auf das Prompt konzentrieren und versuchen, so viele Ideen wie möglich zu entwickeln.

4. Überarbeitung:

Nach der Schreibsession sollte der Schreibende seine Arbeit überarbeiten und korrigieren. Hierbei sollte er sich Zeit nehmen, um den Text sorgfältig zu lesen und Fehler zu korrigieren.

5. Feedback:

Schließlich sollte der Schreibende Feedback zu seiner Arbeit einholen. Hierbei kann er sich an Schreibgruppen oder Schreibpartnern wenden oder auch Online-Communities nutzen.

Die Anwendung von .prompts kann auf verschiedene Weisen erfolgen. Wichtig ist jedoch, dass der Schreibende sich Zeit für den Schreibprozess nimmt und das Prompt als Inspiration für neue Ideen und Gedanken nutzt. Im weiteren Verlauf des Buches werden konkrete Anleitungen und Tipps zur erfolgreichen Anwendung von .prompts gegeben, um den Lesern zu helfen, ihre eigene Schreibpraxis zu verbessern und die Vorteile von .prompts zu nutzen.

Tipps und Tricks für die erfolgreiche Umsetzung von .prompts

1. Offenheit:

Der Schreibende sollte offen und bereit sein, neue Ideen

KREATIVES SCHREIBEN MIT .PROMPTS

und Gedanken zu entwickeln. Er sollte sich nicht auf eine bestimmte Idee oder einen bestimmten Gedanken versteifen, sondern stattdessen verschiedene Möglichkeiten in Betracht ziehen.

2. Kreativität:

.prompts können dazu beitragen, die eigene Kreativität und Fantasie zu steigern. Der Schreibende sollte versuchen, das Prompt als Inspiration zu nutzen und eigene Ideen und Gedanken zu entwickeln.

3. Regelmäßigkeit:

Regelmäßiges Schreiben mit .prompts kann dazu beitragen, die eigene Schreibpraxis zu verbessern und die Kreativität zu steigern. Der Schreibende sollte versuchen, regelmäßig zu schreiben und .prompts als Teil seines Schreibprozesses zu integrieren.

4. Variation:

Es ist wichtig, verschiedene Arten von .prompts zu nutzen, um die eigene Kreativität zu steigern und neue Ideen zu entwickeln. Der Schreibende sollte verschiedene Arten von .prompts ausprobieren, um seine Schreibpraxis zu variieren und zu verbessern.

5. Konzentration:

Der Schreibende sollte sich während der Schreibsession auf das Prompt konzentrieren und versuchen, so viele Ideen wie möglich zu entwickeln. Ablenkungen sollten vermieden werden, um den Schreibprozess zu erleichtern.

6. Feedback:

Schreibgruppen oder Schreibpartner können dazu beitragen, Feedback und Anregungen zu geben. Der Schreibende sollte sich an solchen Gruppen oder Partnern wenden, um seine Schreibfertigkeiten zu verbessern und weitere Inspirationen zu erhalten.

Insgesamt gibt es viele Tipps und Tricks, die dabei helfen können, .prompts erfolgreich umzusetzen und die eigene Schreibpraxis zu verbessern. Im weiteren Verlauf des Buches werden weitere Anleitungen und Tipps gegeben, um den Lesern zu helfen, ihre eigene Schreibpraxis zu verbessern und die Vorteile von .prompts zu nutzen.

KAPITEL 4: .PROMPTS FÜR VERSCHIEDENE SCHREIBGENRES

.prompts können für verschiedene Schreibgenres wie Romane, Kurzgeschichten oder Gedichte genutzt werden. Dabei gibt es spezifische .prompts, die sich für das jeweilige Genre eignen.

Für Romane eignen sich beispielsweise .prompts, die dazu beitragen, die Charaktere oder die Handlung zu entwickeln. Hierbei kann der Schreibende beispielsweise ein Prompt nutzen, um eine spezifische Eigenschaft oder Charakteristik seines Hauptcharakters zu entwickeln.

Für Kurzgeschichten können .prompts genutzt werden, um eine Idee oder ein Thema zu entwickeln. Hierbei kann der Schreibende beispielsweise ein Prompt nutzen, um eine spezifische Situation oder Begebenheit zu beschreiben.

Für Gedichte eignen sich .prompts, die dazu beitragen, die Kreativität und Fantasie des Schreibenden zu steigern. Hierbei kann der Schreibende beispielsweise ein Prompt nutzen, um eine bestimmte Stimmung oder Atmosphäre zu beschreiben.

Es gibt viele verschiedene Arten von .prompts, die sich für unterschiedliche Schreibgenres eignen. Wichtig ist, dass der Schreibende ein geeignetes Prompt auswählt, das ihm dabei hilft, seine Ideen und Gedanken zu entwickeln und den Schreibprozess zu erleichtern.

Im weiteren Verlauf des Buches werden konkrete Anleitungen und Tipps zur Anwendung von .prompts für verschiedene Schreibgenres gegeben, um den Lesern zu helfen, ihre eigene Schreibpraxis zu verbessern und von den Vorteilen von .prompts zu profitieren.

Anwendung von .prompts für verschiedene Schreibgenres wie z.B. Romane, Kurzgeschichten, Gedichte etc.

Für Romane können beispielsweise .prompts genutzt werden, um Charaktere oder Handlungen zu entwickeln. Hierbei kann der Schreibende beispielsweise ein Prompt nutzen, um eine spezifische Eigenschaft oder Charakteristik seines Hauptcharakters zu entwickeln. Ein weiteres Beispiel für ein Prompt für Romane könnte lauten: "Schreibe eine Szene, in der dein Charakter vor einer schwierigen Entscheidung steht."

Für Kurzgeschichten können .prompts genutzt werden, um Ideen oder Themen zu entwickeln. Hierbei kann der Schreibende beispielsweise ein Prompt nutzen, um eine spezifische Situation oder Begebenheit zu beschreiben. Ein Beispiel für ein Prompt für Kurzgeschichten könnte lauten: "Beschreibe eine unerwartete Begegnung zwischen zwei Personen."

Für Gedichte können .prompts genutzt werden, um die Kreativität und Fantasie des Schreibenden zu steigern. Hierbei kann der Schreibende beispielsweise ein Prompt nutzen, um eine bestimmte Stimmung oder Atmosphäre zu beschreiben. Ein Beispiel für ein Prompt für Gedichte könnte lauten: "Schreibe ein Gedicht über den Sonnenuntergang."

Es gibt viele verschiedene Arten von .prompts, die sich für unterschiedliche Schreibgenres eignen. Wichtig ist, dass der Schreibende ein geeignetes Prompt auswählt, das ihm dabei hilft, seine Ideen und Gedanken zu entwickeln und den Schreibprozess zu erleichtern.

Im weiteren Verlauf des Buches werden konkrete Anleitungen und Tipps zur Anwendung von .prompts für verschiedene Schreibgenres gegeben, um den Lesern zu helfen, ihre eigene Schreibpraxis zu verbessern und von den Vorteilen von .prompts zu profitieren.

Beispiele für erfolgreiche Schreibpraxis mithilfe von .prompts

Beispiel 1:

Ein Schreibender nutzt ein Prompt, um eine Szene in seinem Roman zu entwickeln. Das Prompt lautet: "Beschreibe eine unerwartete Wendung in deiner Handlung." Durch die Verwendung dieses Prompts entwickelt der Schreibende eine neue Idee für seine Handlung, die seine Geschichte spannender und interessanter macht.

Beispiel 2:

Ein Schreibender nutzt ein Prompt, um eine Idee für eine Kurzgeschichte zu entwickeln. Das Prompt lautet: "Schreibe über einen unerwarteten Fund." Durch die Verwendung dieses Prompts entwickelt der Schreibende eine neue Idee für eine Kurzgeschichte, die er später erfolgreich veröffentlicht.

Beispiel 3:

Ein Schreibender nutzt ein Prompt, um ein Gedicht zu schreiben. Das Prompt lautet: "Beschreibe die Schönheit der Natur im Herbst." Durch die Verwendung dieses Prompts entwickelt der Schreibende ein neues Gedicht, das später erfolgreich in einer Anthologie veröffentlicht wird.

Diese Beispiele zeigen, wie .prompts dazu beitragen können, die Kreativität und Fantasie des Schreibenden zu steigern und ihm dabei helfen können, erfolgreich zu schreiben. Durch die Verwendung von .prompts können Schreibende ihre Schreibpraxis verbessern und ihre Ideen und Gedanken besser entwickeln.

Im weiteren Verlauf des Buches werden konkrete Anleitungen und Tipps gegeben, um den Lesern zu helfen, ihre eigene Schreibpraxis zu verbessern und von den Vorteilen von .prompts zu profitieren.

KAPITEL5: .PROMPTS FÜR DIE SCHREIBPRAXIS IM ALLTAG

.prompts können jederzeit und überall genutzt werden. Sie können beispielsweise während der Mittagspause im Büro, in der U-Bahn auf dem Weg zur Arbeit oder abends zuhause genutzt werden. Durch die Verwendung von .prompts kann der Schreibende seine Kreativität und Fantasie steigern und erfolgreich schreiben, auch wenn er nur wenig Zeit hat.

Ein Beispiel für ein Prompt für die Schreibpraxis im Alltag könnte lauten: "Schreibe über ein Ereignis, das dich heute beeindruckt hat." Durch die Verwendung dieses Prompts kann der Schreibende eine kurze Geschichte oder ein Gedicht über ein Ereignis schreiben, das ihm heute begegnet ist. Dies kann dazu beitragen, den Schreibprozess zu erleichtern und die eigene Kreativität zu steigern.

Ein weiteres Beispiel für ein Prompt für die Schreibpraxis im Alltag könnte lauten: "Schreibe über eine Person, die du heute kennengelernt hast." Durch die Verwendung dieses Prompts kann der Schreibende eine kurze Charakterbeschreibung oder eine Geschichte über eine interessante Person schreiben, die er heute getroffen hat. Dies kann dazu beitragen, den eigenen Horizont zu erweitern und neue Ideen für zukünftige Schreibprojekte zu entwickeln.

Insgesamt können .prompts dazu beitragen, die Schreibpraxis im Alltag zu verbessern und den Schreibenden dabei helfen, auch bei wenig Zeit erfolgreich zu schreiben. Im weiteren Verlauf des Buches werden weitere Anleitungen und Tipps gegeben, um den Lesern zu helfen, ihre eigene Schreibpraxis zu verbessern und von den Vorteilen von .prompts zu profitieren.

Anwendung von .prompts für den Alltag, z.B. für Tagebuchschreiben oder Ideensammlung

Das Schreiben eines Tagebuchs kann eine wertvolle Möglichkeit sein, um Gedanken und Gefühle festzuhalten und zu verarbeiten. Durch die Verwendung von .prompts kann der Schreibende seine Gedanken und Gefühle besser sortieren und ausdrücken. Ein Beispiel für ein Prompt für das Tagebuchschreiben könnte lauten: "Schreibe über ein Erlebnis, das dich heute bewegt hat." Durch die Verwendung dieses Prompts kann der Schreibende seine Gedanken und Gefühle zu einem bestimmten Erlebnis festhalten und besser verarbeiten.

Auch die Ideensammlung kann mithilfe von .prompts erleichtert werden. Ein Beispiel für ein Prompt für die Ideensammlung könnte lauten: "Schreibe alle Ideen auf, die dir zu einem bestimmten Thema einfallen." Durch die Verwendung dieses Prompts kann der Schreibende alle Ideen, die ihm zu einem bestimmten Thema einfallen, festhalten und später weiterentwickeln.

.prompts können somit dazu beitragen, den Schreibprozess im Alltag zu erleichtern und das Schreiben zu einem Teil der täglichen Routine zu machen. Im weiteren Verlauf des Buches werden weitere Anleitungen und Tipps gegeben, um den Lesern zu helfen, ihre eigene Schreibpraxis zu verbessern und von den Vorteilen von .prompts zu profitieren.

Wie .prompts helfen können, Schreibblockaden zu überwinden

Schreibblockaden können viele Gründe haben, wie zum Beispiel fehlende Inspiration, Unsicherheit oder Ablenkung. Durch die Verwendung von .prompts kann der Schreibende neue Ideen und Perspektiven gewinnen und somit Schreibblockaden überwinden.

Ein Beispiel für ein Prompt, das bei Schreibblockaden helfen kann, lautet: "Schreibe über eine ungewöhnliche Situation." Durch die Verwendung dieses Prompts kann der Schreibende eine unerwartete und ungewöhnliche Situation beschreiben, die seine Kreativität und Fantasie anregt und ihm hilft, neue Ideen zu entwickeln.

Ein weiteres Beispiel für ein Prompt, das bei Schreibblockaden helfen kann, lautet: "Schreibe eine Liste von zehn Dingen, die dich inspirieren." Durch die Verwendung dieses Prompts kann der Schreibende eine Liste von Dingen erstellen, die ihm Inspiration geben, wie zum Beispiel Orte, Musik oder Menschen. Diese Liste kann ihm helfen, seine Kreativität zu steigern und neue Ideen zu entwickeln.

.prompts können somit dazu beitragen, Schreibblockaden zu überwinden und den Schreibprozess zu erleichtern. Im weiteren Verlauf des Buches werden weitere Anleitungen und Tipps gegeben, um den Lesern zu helfen, ihre eigene Schreibpraxis zu verbessern und von den Vorteilen von .prompts zu profitieren.

KAPITEL 6: DIE KUNST DES SCHREIBENS

Die Kunst des Schreibens umfasst mehr als nur das technische Schreiben von Worten und Sätzen. Es geht darum, eine Geschichte oder eine Idee auf eine Art und Weise zu präsentieren, die den Leser berührt und fasziniert.

Die Kunst des Schreibens erfordert eine Kombination aus Kreativität, Technik und Ausdrucksvermögen. Es erfordert auch Ausdauer, Disziplin und die Fähigkeit, Kritik zu akzeptieren und zu lernen.

Durch die Verwendung von .prompts können Schreibende ihre Kreativität und Fantasie steigern und ihre Schreibfähigkeiten verbessern. Prompts können dabei helfen, neue Ideen und Perspektiven zu gewinnen und den Schreibprozess zu erleichtern.

Die Kunst des Schreibens erfordert jedoch auch Zeit und Geduld. Es ist wichtig, sich Zeit zu nehmen, um Ideen zu entwickeln, zu überarbeiten und zu perfektionieren. Eine erfolgreiche Schreibpraxis erfordert auch die Bereitschaft, kontinuierlich zu lernen und sich weiterzuentwickeln.

Im weiteren Verlauf des Buches werden weitere Anleitungen und Tipps gegeben, um den Lesern zu helfen, ihre eigene Schreibpraxis zu verbessern und die Kunst des Schreibens zu meistern.

Tipps und Tricks für eine
erfolgreiche Schreibpraxis

1.   Schreibroutine Etablieren:

Es ist wichtig, eine Schreibroutine zu etablieren und sich regelmäßig Zeit zum Schreiben zu nehmen. Durch eine feste Schreibroutine kann der Schreibende seine Kreativität steigern und erfolgreich schreiben.

2.   Schreibumgebung Schaffen:

Es ist wichtig, eine Schreibumgebung zu schaffen, die den Schreibprozess unterstützt. Eine angenehme Atmosphäre, bequeme Möbel und ausreichend Licht können dazu beitragen, den Schreibprozess zu erleichtern.

3.   Lesen Und Lernen:

Es ist wichtig, regelmäßig zu lesen und zu lernen, um die eigenen Schreibfähigkeiten zu verbessern. Indem man verschiedene Schreibstile und Genres studiert, kann man neue Techniken und Fähigkeiten erlernen und diese in der eigenen Schreibpraxis anwenden.

4.   Feedback Einholen:

Es ist wichtig, Feedback von anderen Schreibenden oder Lektoren einzuholen, um die eigene Schreibpraxis zu verbessern. Durch konstruktives Feedback kann der Schreibende seine Stärken und Schwächen erkennen und seine Schreibfähigkeiten gezielt verbessern.

5.   Kreativität Steigern:

.prompts können dazu beitragen, die Kreativität des

Schreibenden zu steigern und neue Ideen zu entwickeln. Durch die Verwendung von .prompts können Schreibende ihre Fantasie anregen und neue Perspektiven gewinnen.

6.   Schreibblockaden Überwinden:

Wenn der Schreibende eine Schreibblockade hat, kann die Verwendung von .prompts helfen, neue Ideen und Perspektiven zu gewinnen und die Schreibblockade zu überwinden.

Diese Tipps und Tricks können dazu beitragen, eine erfolgreiche Schreibpraxis zu etablieren und die eigene Schreibfähigkeit zu verbessern. Im weiteren Verlauf des Buches werden weitere Anleitungen und Tipps gegeben, um den Lesern zu helfen, ihre eigene Schreibpraxis zu verbessern und von den Vorteilen von .prompts zu profitieren.

Wie .prompts dabei helfen können,
die eigene Schreibstimme zu
finden und zu entwickeln

Die eigene Schreibstimme ist die Art und Weise, wie der Schreibende seine Gedanken und Ideen ausdrückt. Es ist wichtig, eine eigene Schreibstimme zu finden und zu entwickeln, um eine einzigartige und authentische Stimme zu schaffen.

Durch die Verwendung von .prompts kann der Schreibende seine eigene Schreibstimme finden und entwickeln. Indem er verschiedene .prompts verwendet und seine Reaktionen darauf beobachtet, kann der Schreibende seine bevorzugten Themen, Stile und Genres erkennen und seine Schreibstimme finden.

Ein Beispiel für ein Prompt, das dabei helfen kann, die eigene Schreibstimme zu entwickeln, lautet: "Schreibe über ein Ereignis, das dich emotional berührt hat." Durch die Verwendung dieses Prompts kann der Schreibende eine emotionale Geschichte schreiben und dabei seine bevorzugten Schreibthemen und -stile erkennen.

Prompts können auch dazu beitragen, dass der Schreibende seine Schreibstimme weiterentwickelt, indem er seine Perspektiven und seine Art, Geschichten zu erzählen, erweitert. Indem der Schreibende verschiedene .prompts ausprobiert, kann er seine Schreibfähigkeiten gezielt verbessern und seine Schreibstimme weiterentwickeln.

Insgesamt können .prompts dabei helfen, die eigene Schreibstimme zu finden und zu entwickeln. Im weiteren Verlauf des Buches werden weitere Anleitungen und Tipps gegeben, um den Lesern zu helfen, ihre eigene Schreibpraxis zu verbessern und von den Vorteilen von .prompts zu profitieren.

Lesern zu helfen, ihre eigene Schreibpraxis zu verbessern und von den Vorteilen von .prompts zu profitieren.

KAPITEL 7:
WIE .PROMPTS IN DEN SOZIALEN MEDIEN (Z.B. INSTAGRAM, TWITTER) GENUTZT WERDEN KÖNNEN

Eine Möglichkeit, .prompts in den sozialen Medien zu nutzen, besteht darin, sie als Bilder oder Grafiken zu teilen. Dies kann auf Plattformen wie Instagram oder Pinterest erfolgen, indem Schreibende Bilder mit .prompts oder Schreibübungen teilen. Diese können auch mit anderen Schreibenden geteilt werden, um Feedback und neue Ideen zu erhalten.

.prompts und Social Media

Social Media bietet eine Vielzahl von Möglichkeiten, um .prompts zu teilen und zu verwenden. Eine Möglichkeit ist, .prompts auf

Social Media-Plattformen wie Twitter oder Instagram zu posten und andere Schreibende zur Teilnahme aufzufordern.

Eine weitere Möglichkeit ist die Verwendung von Hashtags. Durch die Verwendung von Hashtags können Schreibende ihre .prompts mit anderen Schreibenden teilen und sich mit ihnen vernetzen. Schreibende können auch nach Hashtags suchen, um neue .prompts und Schreibideen zu finden.

Eine weitere Möglichkeit ist die Teilnahme an Schreibgruppen oder Schreibherausforderungen auf Social Media-Plattformen. Durch die Teilnahme an Schreibgruppen oder Schreibherausforderungen können Schreibende ihre .prompts teilen und Feedback von anderen Schreibenden erhalten.

Es ist wichtig zu beachten, dass Social Media auch ablenkend sein kann und die Schreibpraxis behindern kann. Schreibende sollten sich daher bewusst sein, wie viel Zeit sie auf Social Media verbringen und wie sie ihre Zeit effektiv nutzen können, um ihre Schreibpraxis zu verbessern.

Insgesamt bieten Social Media und .prompts eine Vielzahl von Möglichkeiten, um Schreibende zu vernetzen und ihre Schreibpraxis zu verbessern. Im weiteren Verlauf des Buches werden weitere Anleitungen und Tipps gegeben, um den

Eine weitere Möglichkeit, .prompts in den sozialen Medien zu nutzen, besteht darin, Hashtags zu verwenden. Durch die Verwendung von Hashtags können Schreibende ihre .prompts mit anderen Schreibenden teilen und sich mit ihnen vernetzen. Beliebte Hashtags für Schreibende sind beispielsweise #writingprompts, #writingcommunity oder #amwriting.

Ein weiterer Ansatz ist, Schreibherausforderungen zu erstellen oder an ihnen teilzunehmen. Schreibende können beispielsweise an einer monatlichen Schreibherausforderung teilnehmen, bei der sie jeden Tag ein neues Prompt erhalten und dazu schreiben müssen. Diese Schreibherausforderungen können auch auf sozialen Medien wie Twitter oder Instagram geteilt werden, um andere Schreibende zur Teilnahme zu motivieren.

Es ist wichtig zu beachten, dass die Nutzung von .prompts in den sozialen Medien auch dazu beitragen kann, dass Schreibende eine größere Reichweite erzielen und ihre Schreibfähigkeiten verbessern können. Schreibende können Feedback von anderen Schreibenden erhalten und ihre Schreibfähigkeiten gezielt verbessern.

Insgesamt bieten soziale Medien und .prompts eine Vielzahl von Möglichkeiten, um Schreibende zu vernetzen und ihre Schreibpraxis zu verbessern. Im weiteren Verlauf des Buches werden weitere Anleitungen und Tipps gegeben, um den Lesern zu helfen, ihre eigene Schreibpraxis zu verbessern und von den Vorteilen von .prompts zu profitieren.

Erfolgreiche Beispiele für die Anwendung von .prompts in den sozialen Medien

1. #Nanowrimo:

National Novel Writing Month (NaNoWriMo) ist eine jährliche Schreibherausforderung im November, bei der Schreibende versuchen, 50.000 Wörter in einem Monat zu schreiben. NaNoWriMo nutzt .prompts, um Schreibende zu inspirieren und zu motivieren.

2. #Writerwednesday:

Writer Wednesday ist ein Hashtag auf Twitter, bei dem Schreibende ihre Arbeit teilen und Feedback von anderen Schreibenden erhalten können. Schreibende können auch .prompts teilen, um andere Schreibende zu inspirieren und zur Teilnahme zu motivieren.

3.   #Promptchallenge:

Prompt Challenge ist eine Schreibherausforderung auf Instagram, bei der Schreibende jeden Tag einen neuen Prompt erhalten und dazu schreiben müssen. Die Schreibenden teilen ihre Arbeit auf Instagram und nutzen den Hashtag #PromptChallenge, um sich mit anderen Schreibenden zu vernetzen und Feedback zu erhalten.

4.   #Poetryprompt:

Poetry Prompt ist ein Hashtag auf Twitter und Instagram, bei dem Schreibende Gedicht-Prompts teilen und sich von anderen Schreibenden inspirieren lassen können. Schreibende können ihre Arbeit teilen und Feedback von anderen Schreibenden erhalten.

5.   #Flashfictionfriday:

Flash Fiction Friday ist ein Hashtag auf Twitter, bei dem Schreibende jede Woche einen neuen Flash-Fiction-Prompt erhalten und dazu schreiben können. Schreibende teilen ihre Arbeit auf Twitter und nutzen den Hashtag, um Feedback von anderen Schreibenden zu erhalten und ihre Schreibfähigkeiten zu verbessern.

Diese Beispiele zeigen, wie Schreibende .prompts nutzen können, um ihre Schreibpraxis zu verbessern und sich mit anderen Schreibenden zu vernetzen. Es ist wichtig zu beachten, dass die Verwendung von .prompts in den sozialen Medien auch dazu beitragen kann, dass Schreibende eine größere Reichweite erzielen und ihre Schreibfähigkeiten verbessern können.

Im weiteren Verlauf des Buches werden weitere Anleitungen und Tipps gegeben, um den Lesern zu helfen, ihre eigene Schreibpraxis zu verbessern und von den Vorteilen von .prompts und sozialen Medien zu profitieren.

KAPITEL 8: .PROMPTS ALS SCHREIBGRUPPENAKT IVITÄT"

Eine Schreibgruppe ist eine Gruppe von Schreibenden, die sich regelmäßig treffen, um ihre Arbeit zu teilen, Feedback zu geben und ihre Schreibfähigkeiten zu verbessern. Die Verwendung von .prompts in Schreibgruppen kann eine effektive Möglichkeit sein, um die Kreativität und Schreibproduktivität der Mitglieder zu steigern.

Eine Möglichkeit, .prompts in Schreibgruppen zu verwenden, besteht darin, sie als Schreibübungen oder Schreibherausforderungen zu verwenden. Schreibgruppen können beispielsweise jeden Monat einen neuen Prompt auswählen, den sie gemeinsam bearbeiten und teilen. Dies kann dazu beitragen, dass Schreibende ihre Fähigkeiten verbessern, indem sie sich gezielt mit neuen Themen und Schreibstilen auseinandersetzen.

Eine weitere Möglichkeit besteht darin, .prompts als Inspiration für Schreibspiele oder -aktivitäten zu verwenden. Schreibgruppen können beispielsweise ein Spiel spielen, bei dem jeder Schreibende einen .prompt zieht und dann eine Geschichte schreibt, die auf diesem Prompt basiert.

Es ist wichtig, dass Schreibgruppenmitglieder ihre Arbeit teilen und Feedback geben, um ihre Schreibfähigkeiten zu verbessern. Schreibgruppen können auch online durch soziale Medien oder Online-Foren organisiert werden, um Schreibende zu vernetzen und Feedback von anderen Schreibenden zu erhalten.

Insgesamt können .prompts eine effektive Möglichkeit sein, um die Kreativität und Schreibproduktivität von Schreibgruppenmitgliedern zu steigern. Im weiteren Verlauf des Buches werden weitere Anleitungen und Tipps gegeben, um den Lesern zu helfen, ihre eigene Schreibpraxis zu verbessern und von den Vorteilen von .prompts zu profitieren.

Wie .prompts in Schreibgruppen oder Schreibworkshops genutzt werden können

Schreibgruppen und Schreibworkshops sind Orte, an denen Schreibende zusammenkommen, um ihre Arbeit zu teilen und Feedback zu erhalten. Die Verwendung von .prompts in Schreibgruppen und Schreibworkshops kann eine effektive Möglichkeit sein, um die Kreativität und Schreibproduktivität der Teilnehmer zu steigern.

Eine Möglichkeit, .prompts in Schreibgruppen oder Schreibworkshops zu verwenden, besteht darin, sie als Schreibübungen oder Schreibherausforderungen zu verwenden. Schreibgruppen oder Schreibworkshops können beispielsweise jede Woche einen neuen Prompt auswählen, den sie gemeinsam bearbeiten und teilen. Dies kann dazu beitragen, dass Schreibende ihre Fähigkeiten verbessern, indem sie sich gezielt mit neuen Themen und Schreibstilen auseinandersetzen.

Eine weitere Möglichkeit besteht darin, .prompts als Inspiration für Schreibspiele oder -aktivitäten zu verwenden. Schreibgruppen oder Schreibworkshops können beispielsweise ein Spiel spielen, bei dem jeder Schreibende einen .prompt zieht und dann eine Geschichte schreibt, die auf diesem Prompt basiert. Oder die Teilnehmer können in Gruppen arbeiten, um gemeinsam eine Geschichte zu schreiben, die auf einem bestimmten .prompt basiert.

Es ist wichtig, dass Schreibgruppenmitglieder und Workshop-Teilnehmer ihre Arbeit teilen und Feedback geben, um ihre Schreibfähigkeiten zu verbessern. Schreibgruppen und Schreibworkshops können auch online durch soziale Medien oder Online-Plattformen organisiert werden, um Schreibende zu vernetzen und Feedback von anderen Schreibenden zu erhalten.

Insgesamt können .prompts eine effektive Möglichkeit sein, um die Kreativität und Schreibproduktivität von Schreibgruppen und Workshop-Teilnehmern zu steigern. Im weiteren Verlauf des Buches werden weitere Anleitungen und Tipps gegeben, um den Lesern zu helfen, ihre eigene Schreibpraxis zu verbessern und von den Vorteilen von .prompts zu profitieren.

Tipps und Tricks für die erfolgreiche Anwendung von .prompts in Gruppen

1. Wählen Sie .Prompts Aus, Die Für Die Gruppe Geeignet Sind:

Es ist wichtig, .prompts auszuwählen, die für die Gruppe und ihre Ziele geeignet sind. Wenn die Gruppe beispielsweise aus Anfängern besteht, sollten die .prompts nicht zu komplex sein, um Frustration zu vermeiden.

2. Seien Sie Offen Für Verschiedene Arten Von .Prompts:

Verschiedene Arten von .prompts können für verschiedene Gruppen oder Schreibprojekte geeignet sein. Es lohnt sich, verschiedene Arten von .prompts auszuprobieren, um zu sehen, was für die Gruppe am besten funktioniert.

3. Geben Sie Klare Anweisungen:

Es ist wichtig, klare Anweisungen für die Anwendung von .prompts zu geben, um Missverständnisse zu vermeiden und den Erfolg der Schreibübungen zu maximieren.

4. Ermutigen Sie Zur Teilnahme:

Es ist wichtig, die Teilnehmer zu ermutigen, sich an den Schreibübungen zu beteiligen und ihre Arbeit zu teilen. Geben Sie ihnen Feedback und ermutigen Sie sie, auch Feedback von anderen Gruppenmitgliedern zu erhalten.

5. Schaffen Sie Eine Positive Und Unterstützende Atmosphäre:

Schreibgruppen und Schreibworkshops sollten eine positive und unterstützende Atmosphäre schaffen, in der Teilnehmer ihre Arbeit frei teilen und Feedback erhalten können. Dies kann dazu beitragen, dass Schreibende sich wohler fühlen und ihre Kreativität und Schreibproduktivität steigern.

6. Nutzen Sie Soziale Medien:

Soziale Medien können eine effektive Möglichkeit sein, um Gruppenmitglieder zu vernetzen und ihre Arbeit zu teilen. Ermutigen Sie die Teilnehmer, ihre Arbeit auf sozialen Medien zu teilen und Feedback von anderen Schreibenden zu erhalten.

Insgesamt können .prompts eine effektive Möglichkeit sein, um die Kreativität und Schreibproduktivität von Schreibgruppen und Schreibworkshops zu steigern. Durch die Anwendung der oben genannten Tipps und Tricks können Gruppenmitglieder ihre Fähigkeiten verbessern und ihre Schreibziele erreichen.

KAPITEL 9: .PROMPTS ALS HERAUSFORDERUNG

.prompts können Schreibende herausfordern, ihre Fähigkeiten zu verbessern und ihre Kreativität zu steigern. Sie können auch dazu beitragen, dass Schreibende sich gezielt mit neuen Themen und Schreibstilen auseinandersetzen, um ihre Fähigkeiten zu verbessern.

Eine Möglichkeit, .prompts als Herausforderung zu verwenden, besteht darin, sich selbst zu einer Schreibherausforderung zu verpflichten. Schreibende können beispielsweise versuchen, jeden Tag einen .prompt zu bearbeiten und ihre Arbeit zu teilen. Dies kann dazu beitragen, dass Schreibende ihre Fähigkeiten verbessern und ihre Schreibproduktivität steigern, indem sie sich auf eine regelmäßige Schreibpraxis verpflichten.

Eine weitere Möglichkeit besteht darin, .prompts als Teil eines Schreibwettbewerbs oder einer Schreibherausforderung zu verwenden. Schreibende können beispielsweise an einem Schreibwettbewerb teilnehmen, bei dem sie einen bestimmten .prompt bearbeiten müssen. Dies kann dazu beitragen, dass Schreibende sich gezielt mit neuen Themen und Schreibstilen auseinandersetzen und ihre Fähigkeiten verbessern.

Es ist wichtig, dass Schreibende ihre Arbeit teilen und

Feedback erhalten, um ihre Fähigkeiten zu verbessern und ihre Schreibziele zu erreichen. Schreibende können auch online durch soziale Medien oder Online-Foren an Schreibherausforderungen teilnehmen, um sich mit anderen Schreibenden zu vernetzen und Feedback zu erhalten.

Insgesamt können .prompts eine effektive Möglichkeit sein, um Schreibende herauszufordern, ihre Fähigkeiten zu verbessern und ihre Kreativität zu steigern. Durch die Teilnahme an Schreibherausforderungen und die Verpflichtung zu einer regelmäßigen Schreibpraxis können Schreibende ihre Ziele erreichen und ihre Fähigkeiten verbessern. Im weiteren Verlauf des Buches werden weitere Anleitungen und Tipps gegeben, um den Lesern zu helfen, ihre eigene Schreibpraxis zu verbessern und von den Vorteilen von .prompts zu profitieren.

Wie .prompts genutzt werden können, um sich selbst herauszufordern und zu verbessern

.prompts können Schreibende dazu herausfordern, sich gezielt mit neuen Themen und Schreibstilen auseinanderzusetzen, um ihre Fähigkeiten zu verbessern. Sie können auch dazu beitragen, dass Schreibende ihre Kreativität steigern und neue Ideen und Perspektiven entwickeln.

Eine Möglichkeit, .prompts zu nutzen, um sich selbst herauszufordern und zu verbessern, besteht darin, sich regelmäßig Schreibherausforderungen zu stellen. Schreibende können beispielsweise jede Woche einen neuen .prompt auswählen und ihre Arbeit teilen. Dies kann dazu beitragen, dass Schreibende sich auf eine regelmäßige Schreibpraxis verpflichten und ihre Fähigkeiten verbessern.

Eine weitere Möglichkeit besteht darin, .prompts als Inspiration für neue Projekte zu nutzen. Schreibende können beispielsweise einen .prompt auswählen, der sie herausfordert, und dann eine Geschichte oder einen Roman um diesen .prompt herum schreiben. Dies kann dazu beitragen, dass Schreibende ihre Fähigkeiten verbessern und ihre Kreativität steigern, indem sie sich gezielt mit neuen Themen und Schreibstilen auseinandersetzen.

Es ist wichtig, dass Schreibende ihre Arbeit teilen und Feedback erhalten, um ihre Fähigkeiten zu verbessern und ihre Schreibziele zu erreichen. Schreibende können auch online durch soziale Medien oder Online-Foren Feedback von anderen Schreibenden erhalten und sich mit anderen Schreibenden vernetzen.

Insgesamt können .prompts eine effektive Möglichkeit sein, um sich selbst herauszufordern und zu verbessern. Durch die Verpflichtung zu einer regelmäßigen Schreibpraxis und die Verwendung von .prompts als Inspiration für neue Projekte können Schreibende ihre Ziele erreichen und ihre Fähigkeiten verbessern. Im weiteren Verlauf des Buches werden weitere Anleitungen und Tipps gegeben, um den Lesern zu helfen, ihre eigene Schreibpraxis zu verbessern und von den Vorteilen von .prompts zu profitieren.

Anleitung zur Erstellung eigener .prompts

Es kann sehr lohnend sein, eigene .prompts zu erstellen, die auf die individuellen Interessen und Ziele der Schreibenden abgestimmt sind. Hier sind einige Schritte, um eigene .prompts zu erstellen:

1. Wählen Sie Ein Thema:

Das Thema sollte auf die individuellen Interessen und Ziele der Schreibenden abgestimmt sein. Es kann ein bestimmtes Genre, eine bestimmte Stimmung oder ein bestimmtes Thema umfassen.

2. Formulieren Sie Die Frage:

Die Frage sollte gezielt auf das Thema abgestimmt sein und Schreibende dazu anregen, sich mit verschiedenen Aspekten des Themas auseinanderzusetzen. Die Frage sollte auch ausreichend offen formuliert sein, um Schreibenden Raum für ihre eigene Interpretation zu lassen.

3. Geben Sie Klare Anweisungen:

Geben Sie klare Anweisungen, wie Schreibende den .prompt bearbeiten sollen. Dazu gehören Dinge wie Länge, Stil und Fokus des Textes.

4. Überprüfen Sie Den .Prompt:

Stellen Sie sicher, dass der .prompt klar und präzise formuliert ist und Schreibende dazu anregt, ihre Kreativität und Vorstellungskraft zu nutzen.

5. Testen Sie Den .Prompt:

Testen Sie den .prompt, indem Sie ihn auf sich selbst oder andere Schreibende anwenden. Überprüfen Sie, ob der .prompt den gewünschten Effekt hat und Schreibende dazu ermutigt, kreativ und produktiv zu sein.

Es ist auch möglich, .prompts aus vorhandenen Texten oder Werken abzuleiten. Schreibende können beispielsweise eine Zeile aus einem Gedicht oder Roman als Ausgangspunkt für ihre eigenen .prompts verwenden.

Insgesamt können eigene .prompts eine effektive Möglichkeit sein, um Schreibende dazu zu ermutigen, ihre Kreativität und Vorstellungskraft zu nutzen. Durch die Anwendung der oben genannten Schritte können Schreibende ihre eigenen .prompts erstellen und ihre Schreibpraxis auf ein neues Level bringen. Im weiteren Verlauf des Buches werden weitere Anleitungen und Tipps gegeben, um den Lesern zu helfen, ihre eigene Schreibpraxis zu verbessern und von den Vorteilen von .prompts zu profitieren.

KAPITEL 10:SCHLUSSWORT

Das Buch hat gezeigt, wie .prompts eine effektive Möglichkeit sein können, um Schreibende dazu zu ermutigen, ihre Kreativität und Vorstellungskraft zu nutzen. Es wurden verschiedene Arten von .prompts vorgestellt und ihre Anwendungsmöglichkeiten für verschiedene Schreibgenres und Schreibpraktiken erläutert. Es wurde auch darauf eingegangen, wie .prompts Schreibenden dabei helfen können, Schreibblockaden zu überwinden und ihre eigene Schreibstimme zu finden und zu entwickeln.

Die Leser haben gelernt, wie sie ihre eigene Schreibpraxis verbessern und von den Vorteilen von .prompts profitieren können. Sie wurden ermutigt, regelmäßig zu schreiben, ihre Arbeit zu teilen und Feedback zu erhalten, um ihre Fähigkeiten zu verbessern.

Das Buch hat auch gezeigt, wie .prompts in den sozialen Medien und in Schreibgruppen genutzt werden können, um Schreibende zu vernetzen und ihnen Feedback zu geben. Es wurden Anleitungen zur Erstellung eigener .prompts gegeben, um Schreibende dazu zu ermutigen, ihre eigenen Ideen und Interessen in ihre Schreibpraxis einzubringen.

Insgesamt ist das Ziel des Buches, Schreibenden dabei zu helfen, ihre Schreibpraxis zu verbessern und ihre Kreativität zu steigern. Es soll den Lesern Werkzeuge und Techniken zur Verfügung stellen, die sie auf ihrem Schreibweg unterstützen können.

Ich hoffe, dass die Leser dieses Buch als wertvolle Ressource nutzen und ihre Schreibpraxis verbessern können. Schreiben ist eine Kunst, die Zeit, Geduld und Hingabe erfordert, aber mit den richtigen Werkzeugen und Techniken kann jeder Schreibende erfolgreich sein.

Zusammenfassung der wichtigsten Punkte des Buches

Hier sind die wichtigsten Punkte des Buches:

- .prompts sind Schreibimpulse, die Schreibende dazu anregen, ihre Kreativität und Vorstellungskraft zu nutzen, um neue Ideen und Perspektiven zu entwickeln.
- Es gibt verschiedene Arten von .prompts, darunter Bild-, Wort-, Zitat- und Musik-Prompts, die alle auf verschiedene Arten genutzt werden können, um Schreibende zu inspirieren.
- .prompts können für verschiedene Schreibgenres und Schreibpraktiken genutzt werden, darunter Romane, Kurzgeschichten, Gedichte und Tagebuchschreiben.
- .prompts können Schreibenden dabei helfen, Schreibblockaden zu überwinden, ihre eigene Schreibstimme zu finden und zu entwickeln und ihre Kreativität zu steigern.
- Schreibende können .prompts nutzen, um sich selbst herauszufordern und zu verbessern, eigene .prompts zu erstellen und Feedback von anderen Schreibenden zu erhalten.
- .prompts können auch in sozialen Medien und Schreibgruppen genutzt werden, um Schreibende zu vernetzen und ihnen Feedback zu geben.
- Das Buch bietet Schreibenden eine Anleitung zur Erstellung eigener .prompts und gibt Tipps und Tricks für eine erfolgreiche Schreibpraxis.
- Schreibende sollten regelmäßig schreiben, ihre Arbeit teilen und Feedback von anderen Schreibenden erhalten, um ihre

Fähigkeiten zu verbessern und ihre Schreibziele zu erreichen.

Insgesamt bietet das Buch eine umfassende Anleitung und viele Anregungen für eine erfolgreiche Schreibpraxis mit .prompts. Es ist ein wertvolles Werkzeug für alle, die ihre Kreativität und Schreibfähigkeiten verbessern möchten.

Ausblick auf die Anwendung von .prompts in der Zukunft

In den sozialen Medien werden .prompts weiterhin eine beliebte Methode sein, um Schreibende zu vernetzen und ihnen Feedback zu geben. Es ist zu erwarten, dass neue Plattformen und Anwendungen entstehen werden, die speziell für die Anwendung von .prompts entwickelt werden.

Auch in Schreibgruppen und Schreibworkshops werden .prompts weiterhin eine wichtige Rolle spielen. Schreibende werden die Möglichkeit haben, gemeinsam an .prompts zu arbeiten und Feedback von anderen Schreibenden zu erhalten.

In der Zukunft werden auch neue Arten von .prompts entwickelt werden, die auf die Bedürfnisse und Interessen der Schreibenden abgestimmt sind. Künstliche Intelligenz und maschinelles Lernen könnten dazu beitragen, maßgeschneiderte .prompts zu erstellen, die auf den individuellen Schreibstil und die Schreibziele der Schreibenden abgestimmt sind.

Insgesamt ist zu erwarten, dass .prompts auch in Zukunft eine wichtige Rolle in der Schreibpraxis spielen werden. Schreibende werden von den Vorteilen von .prompts profitieren und ihre Kreativität und Vorstellungskraft weiterhin nutzen, um neue Ideen und Perspektiven zu entwickeln.

KAPITEL 11: ANHANG

Inhaltlich kann der Anhang eine Liste von Links und Empfehlungen für Websites, Blogs, Foren und Online-Communities enthalten, die sich mit dem Thema kreatives Schreiben und .prompts beschäftigen. Außerdem kann er eine Liste von Büchern und anderen Ressourcen enthalten, die Schreibende bei ihrer Schreibpraxis unterstützen können.

Der Anhang kann auch Arbeitsblätter und Übungen enthalten, die Schreibende bei der Anwendung von .prompts unterstützen. Dazu gehören beispielsweise Aufgabenstellungen und Schreibübungen, die Schreibende dabei unterstützen, ihre Kreativität und ihr Schreibvermögen zu verbessern.

Schließlich kann der Anhang auch eine Liste von Glossarbegriffen enthalten, die in diesem Buch verwendet werden, sowie eine Zusammenfassung der wichtigsten Punkte und Anregungen aus jedem Kapitel.

Insgesamt bietet der Anhang zusätzliche Ressourcen und Informationen, die Schreibenden helfen können, ihr Schreiben zu verbessern und ihre Kreativität zu steigern.

Übersicht über hilfreiche .prompt-Quellen

Zu den Quellen können beispielsweise Online-Communities,

Schreibforen, Schreibgruppen und Schreibworkshops gehören, die sich auf die Verwendung von .prompts spezialisiert haben. Dort können Schreibende Ideen und Anregungen für ihre Schreibpraxis finden und Feedback von anderen Schreibenden erhalten.

Auch auf Social-Media-Plattformen wie Instagram, Twitter und Pinterest gibt es viele Quellen für .prompts, darunter Hashtags, Accounts und Gruppen, die Schreibende nutzen können, um Inspiration zu finden und sich mit anderen Schreibenden zu vernetzen.

Weitere Quellen für .prompts können Bücher, Zeitschriften, Blogs und Websites zum Thema kreatives Schreiben sein. Diese Ressourcen bieten Schreibenden nicht nur .prompts, sondern auch Tipps, Tricks und Anleitungen für eine erfolgreiche Schreibpraxis.

Schließlich können Schreibende auch eigene .prompts erstellen und teilen, um anderen Schreibenden zu helfen und Feedback von der Community zu erhalten. Auf diese Weise können Schreibende ihre Kreativität und ihr Schreibvermögen verbessern und sich als Teil der Schreib-Community engagieren.

Insgesamt bietet eine Übersicht über hilfreiche .prompt-Quellen Schreibenden eine Fülle von Möglichkeiten, um ihre Schreibpraxis zu verbessern und ihre Kreativität zu steigern.
Beispielhaftes Schreibjournal mit .prompts zur eigenen Anwendung und Entwicklung der Schreibpraxis.

Das Schreibjournal kann verschiedene Abschnitte enthalten, wie beispielsweise ein tägliches Schreibziel, eine Liste von .prompts, die Schreibende ausprobieren möchten, und eine Feedback-Sektion, in der Schreibende ihre Erfahrungen und Erkenntnisse festhalten können.

Schreibende können auch verschiedene Kategorien von .prompts ausprobieren, wie beispielsweise Charakterbeschreibungen,

Dialoge oder Beschreibungen von Orten und Landschaften. Auf diese Weise können Schreibende ihre Fähigkeiten in verschiedenen Aspekten des Schreibens verbessern und ihre Schreibpraxis erweitern.

Eine Feedback-Sektion kann Schreibende dabei unterstützen, ihre Fortschritte und Schwierigkeiten zu identifizieren und darauf zu reagieren. Schreibende können ihre Erfahrungen und Erkenntnisse festhalten und ihre Gedanken und Ideen reflektieren. Durch regelmäßige Reflexionen können Schreibende ihre Schreibpraxis verbessern und neue Ideen und Perspektiven entwickeln.

Insgesamt kann ein beispielhaftes Schreibjournal mit .prompts Schreibenden helfen, ihre Schreibpraxis zu verbessern und ihre Kreativität zu steigern. Indem sie regelmäßig .prompts ausprobieren und ihre Erfahrungen festhalten, können Schreibende ihre Fähigkeiten im Schreiben verbessern und ihre Schreibpraxis erweitern.

www.ingramcontent.com/pod-product-compliance
Lightning Source LLC
LaVergne TN
LVHW051620050326
832903LV00033B/4582